1

THEODOR FONTANE

Verse zum Advent

Noch ist Herbst nicht ganz entflohn,
Aber als Knecht Ruprecht schon
Kommt der Winter hergeschritten,
Und alsbald aus Schnees Mitten
Klingt des Schlittenglöckleins Ton.

Und was jüngst noch, fern und nah,
Bunt auf uns herniedersah,
Weiß sind Türme, Dächer, Zweige,
Und das Jahr geht auf die Neige,
Und das schönste Fest ist da.

Tag du der Geburt des Herrn,
Heute bist du uns noch fern,
Aber Tannen, Engel, Fahnen
Lassen uns den Tag schon ahnen,
Und wir sehen schon den Stern.

Aus: Theodor Fontane, *Unwiederbringlich*, hrsg. von Sven-Aage Jorgensen, Stuttgart: Reclam, 1986, S. 177.

Janoschs lyrischer Adventskalender

Reclam

2

JANOSCH

Manchmal in der Weihnachtszeit
sind alle Häuser tief verschneit.
Um Lieselottes Haus zu finden,
muss Rasputin sich lange schinden,

zur Zweisamkeit im Kerzenschein.
Doch hier scheint er wohl falsch zu sein.

Aus: Janosch, *Rasputin, Das Riesenbuch vom Vaterbär*,
Zürich: Diogenes, 1986, S. 39.

Janoschs lyrischer Adventskalender

Reclam

3

ELISABETH BORCHERS

Märchen

Auf der Suche
nach etwas Schönem wie Schnee
ging ich leer aus
bis es des Wegs zu schneien begann

Janoschs lyrischer Adventskalender

Reclam

4

AUGUST HEINRICH HOFFMANN
VON FALLERSLEBEN

Der Schneemann

Seht, da steht er, unser Schneemann!
Das ist ein Geselle!
Stehet fest und unverzaget,
Weicht nicht von der Stelle.

Schaut ihm in die schwarzen Augen!
Wird euch denn nicht bange?
In der linken Hand da hat er
Eine lange Stange.

Einen großen Säbel hält er
Fest in seiner Rechten.
Kommt heran! er wird sich wehren,
Wird mit allen fechten.

Über ihn kann nur der Frühling
Einen Sieg gewinnen:
Blickt ihn *der* nur an von ferne,
Wird er gleich zerrinnen.

Aber halt dich tapfer, Schneemann!
Lass dir offenbaren:
Stehst du morgen noch, so wollen
Wir dich schlittenfahren.

Aus: August Heinrich Hoffmann von Fallersleben, *Ausgewählte Werke in vier Bänden*, hrsg. und mit Einl. vers. von Hans Benzmann, Bd. 1, Leipzig: Hesse, [1905], S. 209.

Janoschs lyrischer Adventskalender

Reclam

5

FRIEDRICH HÖLDERLIN

Der Winter

Das Feld ist kahl, auf ferner Höhe glänzet
Der blaue Himmel nur, und wie die Pfade gehen,
Erscheinet die Natur, als Einerlei, das Wehen
Ist frisch, und die Natur von Helle nur umkränzet.

Der Erde Stund ist sichtbar von dem Himmel
Den ganzen Tag, in heller Nacht umgeben,
Wenn hoch erscheint von Sternen das Gewimmel,
Und geistiger das weit gedehnte Leben.

Aus: Friedrich Hölderlin, *Sämtliche Werke und Briefe*, hrsg. von Günter Mieth, Bd. 1, Berlin: Aufbau-Verlag, 1970 [u. ö.], S. 555 f.

Janoschs lyrischer Adventskalender

Reclam

GERHART HAUPTMANN

Eislauf

Auf spiegelndem Teiche
zieh' ich spiegelnde Gleise.
Der Kauz ruft leise.
Der Mond, der bleiche,
liegt über dem Teiche.

Im raschelnden Schilfe,
da weben die Mären,
da lachet der Sylphe
in silbernen Zähren,
tief innen im Schilfe.

Hei, fröhliches Kreisen,
dem Winde befohlen!
Glückseliges Reisen,
die Welt an den Sohlen,
in eigenen Kreisen!

Vergessen, vergeben,
im Mondlicht baden;
hingaukeln und schweben
auf nächtigen Pfaden!
Sich selber nur leben!

Aus: Gerhard Hauptmann, *Sämtliche Werke*, hrsg. von Hans-Egon Hass, Bd. 4, Frankfurt a. M. / Berlin: Propyläen Verlag, 1964, S. 35 f.

Janoschs lyrischer Adventskalender

Reclam

EUGEN ROTH

Vor Weihnachten

Oh süßer Weihnachtsvorgeschmack:
Mit einem neuen Bücherpack,
Der mich zu toller Neugier reizt,
Komm ich nachhaus und mache Licht.
Eisblume sich am Fenster spreizt.
Bald glüht und sprüht mit Knick und Knack
Der Ofen, tüchtig eingeheizt.
Nun her mit Pfeife und Tabak!
Wie lieblich mirs die Nase beizt . . .
Gar noch Kaffee? Nur nicht gegeizt:
So heimlich wars seit Jahren nicht!
Aufs alte Sofa ich mich flack
Und schmökre erst in Schnick und Schnack –
Doch bald versink ich im Gedicht,
Indes mit Jagdruf, Wind und Wicht
Die wilde Rauhnacht draußen weizt.

Aus: Eugen Roth, *Sämtliche Werke*, Bd. 2, München: Hanser, 1977, S. 367. –

Janoschs lyrischer Adventskalender

Reclam

8

JANOSCH

Zur Weihnachtszeit, wenn alle rennen
und die Lichterkerzen brennen,

malt Rasputin für diese Feier
aus Freiheitsgründen Ostereier.

Aus: Janosch, *Rasputin, Das Riesenbuch vom Vaterbär*,
Zürich: Diogenes, 1986, S. 40. – © Janosch film & medien AG, Berlin.

Janoschs lyrischer Adventskalender

Reclam

MASCHA KALÉKO

Advent

Der Frost haucht zarte Häkelspitzen
perlmuttergrau ans Scheibenglas.
Da blühn bis an die Fensterritzen
Eisblumen, Sterne, Farn und Gras.

Kristalle schaukeln von den Bäumen,
die letzten Vögel sind entflohn.
Leis fällt der Schnee ... In unseren Träumen
weihnachtet es seit gestern schon.

Aus: Mascha Kaléko / Gisela Zoch-Westphal (Hrsg.): *Die paar leuchtenden Jahre*, München: dtv, 2003, S. 164 f. –

Janoschs lyrischer Adventskalender

Reclam

KLABUND

Schneeflocken

Wende ich den Kopf nach oben:
Wie die weißen Flocken fliegen,
Fühle ich mich selbst gehoben
Und im Wirbeltanze wiegen.

Dicht und dichter das Gewimmel;
Eine Flocke bin auch ich. –
Wieviel Flocken braucht der Himmel,
Eh die Erde langsam sich
Weiß umhüllt.

Aus: Klabund, *Das heiße Herz*, Berlin: Reiss, 1922, S. 99–100.

Janoschs lyrischer Adventskalender

Reclam

ELSE LASKER-SCHÜLER

Weihnacht

Einmal kommst du zu mir in der Abendstunde
Aus meinem Lieblingssterne weich entrückt
Das ersehnte Liebeswort im Munde
Zündet meine weißen Lichte an.
Alle Zweige warten schon geschmückt.

»Wann« – ich frage seit ich dir begegnet – »wann?«
Einen Engel schnitt ich mir aus deinem goldenen Haare
Und den Traum, der mir so früh zerrann.
O ich liebe dich, ich liebe dich,
Ich liebe dich!

Hörst du, ich liebe dich – – –
Und unsere Liebe wandelt schon Kometenjahre,
Bevor du mich erkanntest und ich dich.

Aus: Else Lasker-Schüler, *Die Gedichte*, Hrsg. von Gabriele Sander,
Stuttgart: Reclam, 2016 [u. ö.], S. 208 f.

Janoschs lyrischer Adventskalender

Reclam

12

JANOSCH

Als Speise für den Weihnachtstisch
Bringt Vater einen Weihnachtsfisch.

Nur! steht nicht überall geschrieben:
»Kinder, ihr sollt die Tiere lieben.«

Aus: Janosch, *Rasputin, Der Lebenskünstler*,
Zürich: Diogenes, 1989, S. 71. – © Janosch film & medien AG, Berlin.

Janoschs lyrischer Adventskalender

Reclam

JOHANN WOLFGANG GOETHE

Weihnachten

Bäume leuchtend, Bäume blendend,
Überall das Süße spendend,
In dem Glanze sich bewegend,
Alt und junges Herz erregend –
Solch ein Fest ist uns bescheret,
Mancher Gaben Schmuck verehret;
Staunend schaun wir auf und nieder,
Hin und her und immer wieder.

Aber, Fürst, wenn Dir's begegnet
Und ein Abend so Dich segnet,
Dass als Lichter, dass als Flammen
Vor Dir glänzten allzusammen
Alles was Du ausgerichtet,
Alle die sich Dir verpflichtet:
Mit erhöhten Geistesblicken
Fühltest herrliches Entzücken.

Aus: *Goethe's Werke*, vollst. Ausg. letzter Hand, Bd. 4,
Stuttgart/Tübingen: J. G. Cotta'sche Buchhandlung, 1828–42, S. 88.

Janoschs lyrischer Adventskalender

Reclam

14

CHRISTIAN MORGENSTERN

Das Weihnachtsbäumlein

Es war einmal ein Tännelein,
mit braunen Kuchenherzlein
und Glitzergold und Äpflein fein
und vielen bunten Kerzlein:
Das war am Weihnachtsfest so grün,
als fing es eben an zu blühn.

Doch nach nicht gar zu langer Zeit,
da stand's im Garten unten,
und seine ganze Herrlichkeit
war, ach, dahingeschwunden.
Die grünen Nadeln war'n verdorrt,
die Herzlein und die Kerzlein fort.

Bis eines Tags der Gärtner kam,
den fror zu Haus im Dunkeln,
und es in seinen Ofen nahm –
hei! tat's da sprühn und funkeln!
Und flammte heim- und himmelwärts
in hundert Flämmlein an Gottes Herz.

Aus: Christian Morgenstern, *Werke und Briefe*, Bd. 3, Stuttgart: Urachhaus, 1990, S. 500.

Janoschs lyrischer Adventskalender

Reclam

15

JOACHIM RINGELNATZ

Flugzeug am Winterhimmel

Ich fliege im Flockengewimmel.
Ach, guter Himmel, lass das doch sein!
Ich Flugriese bin nur klein Vögelein
Gegen dich, schüttender Himmel.

Sag Schneegestöber, ich bäte es sehr,
Ein wenig nachzulassen.
Denn meine Flügel tragen schon schwer
An sechs ganz dicken Insassen.

Die spielen Karten in meinem Leib
Und trinken, weil sie so frieren.
Und wollen nach Zoppot, um Zeitvertreib
Und Örtliches zu studieren.

Und käme ich dort nicht pünktlich hin,
Die würden es niemals verzeihen.
Lieber Himmel, wenn ich gelandet bin,
Dann darfst du gern wieder schneien.

Aus: Joachim Ringelnatz, *Das Gesamtwerk in sieben Bänden*, hrsg. von Walter Pape, Bd. 1, Zürich: Diogenes, 1994, S. 364.

Janoschs lyrischer Adventskalender

Reclam

16

HEINZ ERHARDT

Die Weihnachtsgans

Tiefgefroren in der Truhe
liegt die Gans aus Dänemark.
Vorläufig läßt man in Ruhe
sie in ihrem weißen Sarg.

Ohne Bein, Kopf und Gekröse
ruht sie neben dem Spinat.
Ob sie wohl ein wenig böse
ist, daß man sie schlachten tat?

Oder ist es doch zu kalt ihr?
Man sieht's an der Gänsehaut
Nun, sie wird bestimmt nicht alt hier:
morgen wird sie aufgetaut.

Hm, welch Duft zieht aus dem Herde
durch die ganze Wohnung dann!
Macht, daß gut der Braten werde,
morgen kommt der Weihnachtsmann!

Janoschs lyrischer Adventskalender

Reclam

ROBERT GERNHARDT

Rätsel

»Da ist ein Baum,
ist immer grün
wächst nicht in der Savanne.
Wächst da, wo Deutschlands Blumen blühn,
und winters auf ihm Kerzen glühn –
wie heißt der Baum?«

»Marianne?«

Janoschs lyrischer Adventskalender

Reclam

18

RAINER MARIA RILKE

Es gibt so wunderweiße Nächte

Es gibt so wunderweiße Nächte,
drin alle Dinge Silber sind.
Da schimmert mancher Stern so lind,
als ob er fromme Hirten brächte
zu einem neuen Jesuskind.

Weit wie mit dichtem Demantstaube
bestreut, erscheinen Flur und Flut,
und in die Herzen, traumgemut,
steigt ein kapellenloser Glaube,
der leise seine Wunder tut.

Aus: Rainer Maria Rilke, *Sämtliche Werke*, Bd. 1. Wiesbaden / Frankfurt a. M.: Insel, 1955, S. 84 f.

Janoschs lyrischer Adventskalender

Reclam

19

WILHELM BUSCH

Der Stern

Hätt einer auch fast mehr Verstand
Als wie die drei Weisen aus Morgenland
Und ließe sich dünken, er wär wohl nie
Dem Sternlein nachgereist wie sie;
Dennoch, wenn nun das Weihnachtsfest
Seine Lichtlein wonniglich scheinen lässt,
Fällt auch auf sein verständig Gesicht,
Er mag es merken oder nicht,
Ein freundlicher Strahl
Des Wundersternes von dazumal.

Aus: Wilhelm Busch, *Historisch-kritische Gesamtausgabe*, Bd. 4, Wiesbaden/Berlin: Vollmer, [o. J.], S. 394.

Janoschs lyrischer Adventskalender

Reclam

JOSEPH VON EICHENDORFF

Weihnachten

Markt und Straßen stehn verlassen,
Still erleuchtet jedes Haus,
Sinnend geh ich durch die Gassen,
Alles sieht so festlich aus.

An den Fenstern haben Frauen
Buntes Spielzeug fromm geschmückt,
Tausend Kindlein stehn und schauen,
Sind so wunderstill beglückt.

Und ich wandre aus den Mauern
Bis hinaus ins freie Feld,
Hehres Glänzen, heilges Schauern!
Wie so weit und still die Welt!

Sterne hoch die Kreise schlingen,
Aus des Schnees Einsamkeit
Steigts wie wunderbares Singen –
O du gnadenreiche Zeit!

Aus: Joseph von Eichendorff, *Gedichte, Eine Auswahl*, Stuttgart: Reclam, 1957 [u. ö.], S. 133.

Janoschs lyrischer Adventskalender

Reclam

JOACHIM RINGELNATZ

Schenken

Schenke groß oder klein,
Aber immer gediegen.
Wenn die Bedachten
Die Gabe wiegen,
Sei dein Gewissen rein.

Schenke herzlich und frei.
Schenke dabei,
Was in dir wohnt
An Meinung, Geschmack und Humor,
So dass die eigne Freude zuvor
Dich reichlich belohnt.

Schenke mit Geist ohne List.
Sei eingedenk,
Dass dein Geschenk
Du selber bist.

Aus: Joachim Ringelnatz, *und auf einmal steht es neben dir, Gesammelte Gedichte*,
Berlin: Henssel, 1950, S. 211 f.

Janoschs lyrischer Adventskalender

Reclam

THEODOR STORM

Weihnachtslied

Vom Himmel in die tiefsten Klüfte
Ein milder Stern herniederlacht;
Vom Tannenwalde steigen Düfte
Und hauchen durch die Winterlüfte,
Und kerzenhelle wird die Nacht.

Mir ist das Herz so froh erschrocken,
Das ist die liebe Weihnachtszeit!
Ich höre fernher Kirchenglocken
Mich lieblich heimatlich verlocken
In märchenstille Herrlichkeit.

Ein frommer Zauber hält mich wieder,
Anbetend, staunend muss ich stehn;
Es sinkt auf meine Augenlider
Ein goldner Kindertraum hernieder,
Ich fühl's, ein Wunder ist geschehn.

Aus: Theodor Storm, *Gedichte, Erstes Buch*, Berlin: Gebrüder Paetel, [8]1889, S. 7.

Janoschs lyrischer Adventskalender

Reclam

JOACHIM RINGELNATZ

Weihnachten

Liebeläutend zieht durch Kerzenhelle,
Mild, wie Wälderduft, die Weihnachtszeit,
Und ein schlichtes Glück streut auf die Schwelle
Schöne Blumen der Vergangenheit.

Hand schmiegt sich an Hand im engen Kreise
Und das alte Lied von Gott und Christ
Bebt durch Seelen und verkündet leise,
Dass die kleinste Welt die größte ist.

Aus: Joachim Ringelnatz, *Das Gesamtwerk in sieben Bänden*, hrsg. von Walter Pape, Bd. 1, Zürich: Diogenes, 1994, S. 40.

Janoschs lyrischer Adventskalender

Reclam

24

JANOSCH

Die Kinder sind – man weiß es längst –
doch zehnmal schlauer, als du denkst.
Sie wissen auch – und haben recht –
der Weihnachtsmann ist selten …

… echt.

Aus: Janosch, *Rasputin, Das Riesenbuch vom Vaterbär*,
Zürich: Diogenes, 1986, S. 101 f. – © Janosch film & medien AG, Berlin.

Janoschs lyrischer Adventskalender

Reclam